Documento de Trabajo

Serie Unión Europea y Relaciones Internacionales

Número 152/2025

La Diligencia Debida en las cadenas de suministro desde una perspectiva internacional

Marta Blanco Quesada*

1   En su calidad de Presidenta de la Comisión de Relaciones Internacionales de CEOE.

CEU | *Ediciones*

El Real Instituto Universitario de Estudios Europeos de la Universidad CEU San Pablo, Centro Europeo de Excelencia Jean Monnet, es un centro de investigación especializado en la integración europea y otros aspectos de las relaciones internacionales.

Los documentos de trabajo dan a conocer los proyectos de investigación originales realizados por los investigadores asociados del Instituto Universitario en los ámbitos histórico-cultural, jurídico-político y socioeconómico de la Unión Europea.

Las opiniones y juicios de los autores no son necesariamente compartidos por el Real Instituto Universitario de Estudios Europeos.

Los documentos de trabajo están también disponibles en: www.idee.ceu.es

Serie *Unión Europea y Relaciones Internacionales* de documentos de trabajo del Real Instituto Universitario de Estudios Europeos

La Diligencia Debida en las cadenas de suministro desde una perspectiva internacional

CEU *Ediciones*
Julián Romea 18, 28003 Madrid
Teléfono: 91 514 05 73
Correo electrónico: ceuediciones@ceu.es
www.ceuediciones.es

Real Instituto Universitario de Estudios Europeos
Avda. del Valle 21, 28003 Madrid
www.idee.ceu.es

ISBN: 978-84-19976-88-8
Depósito legal: M-11096-2025

Maquetación: CEU Ediciones

El presente artículo tiene como principal objeto presentar una visión empresarial sobre la diligencia empresarial en el ámbito internacional. Para ello no nos enfocaremos de manera exclusiva en la Directiva 2024/1760 sobre diligencia debida de las empresas en materia de sostenibilidad. Si bien esta iniciativa legal europea podría considerarse como la más importante de todas las adoptadas hasta el momento, hemos considerado apropiado partir de un enfoque más amplio, que nos permita analizar la debida diligencia de las cadenas de suministro con perspectiva histórica antes de acometer nuestra valoración desde un ángulo internacional. En este sentido, nuestra valoración final no se adentrará tanto en los detalles jurídicos, como en las implicaciones de este acervo de principios y normas en la actividad de nuestras empresas fuera de la Unión Europea.

Como ya hemos adelantado, dedicaremos la primera parte de nuestra exposición a transmitir una visión global sobre los principios internacionales y las legislaciones de la UE en vigor, con el fin de concienciar sobre la complejidad y dificultad que supone para cualquier empresa desenvolverse en este entono normativo.

Entre los principios internacionales, resulta ineludible hacer referencia a tres iniciativas. En primer lugar, a los "Principios Rectores sobre las empresas y los derechos humanos: puesta en práctica del marco de las Naciones Unidas para 'proteger, respetar y remediar'" (en adelante Principios Rectores), que respaldó el Consejo de Derechos Humanos en su resolución 17/4, de 16 de junio de 2011. En segundo lugar, a las Líneas Directrices de la OCDE para Empresas Multinacionales sobre Conducta Empresarial Responsable (en adelante Líneas Directrices), cuyo origen se retrotrae a 1976, y que fueron desarrolladas en sucesivas revisiones, destacando las de 2011 y 2023. Y, finalmente, a la Declaración sobre las Empresas Multinacionales de la Organización Internacional del Trabajo (OIT) del año 2000, reformada en 2006, 2017 y 2022.

Aunque los Principios Rectores no representen la primera iniciativa que recomiende a las empresas respetar los derechos humanos –por ejemplo, el Pacto Mundial[1] puesto en marcha por el secretario general de Naciones Unidas, Kofi Annan en el año 2000–, sí es la primera de ellas que destaca por su vocación universal al dirigirse a todos los Estados y empresas, así como por su enfoque integral que implica a Estados y empresas en un esfuerzo conjunto para respetar y hacer respetar los derechos humanos.

Se parte de un enfoque coherente y equilibrado, que se vertebra en torno a tres pilares –proteger, respetar y remediar–. En dicho empeño colectivo, las empresas deben respetar los derechos humanos, hacer frente a las consecuencias negativas sobre los derechos humanos en las que tengan alguna participación, evitar que sus propias actividades provoquen o tengan consecuencias negativas sobre los derechos humanos y hacer frente a esos efectos cuando se produzcan. Al mismo tiempo, deben prevenir o mitigar las consecuencias negativas sobre los derechos humanos directamente relacionadas con operaciones, productos o servicios prestados por sus relaciones comerciales.

Sin embargo, de acuerdo con estos mismos Principios Rectores, es en los Estados en los que recae el deber de proteger los derechos humanos y garantizar los mecanismos de reparación. El papel de los Estados resulta crucial, pues son los que deben adoptar las medidas apropiadas para prevenir, investigar, castigar y reparar esos abusos

---

1   Los 10 principios del Pacto Mundial son los siguientes:
   1) Las empresas deben apoyar y respetar la protección de los derechos humanos fundamentales reconocidos internacionalmente, dentro de su ámbito de influencia.
   2) Las empresas deben asegurarse de que sus empresas no son cómplices en la vulneración de derechos humanos.
   3) Las empresas deben apoyar la libertad de afiliación y el reconocimiento efectivo del derecho a la negociación colectiva.
   4) Las empresas deben apoyar la eliminación de toda forma de trabajo forzoso o realizado bajo coacción.
   5) Las empresas deben apoyar la erradicación del trabajo infantil.
   6) Las empresas deben apoyar la abolición de las prácticas de discriminación en el empleo y la ocupación.
   7) Las empresas deberán mantener un enfoque preventivo que favorezca el medio ambiente.
   8) Las empresas deben fomentar iniciativas que promuevan una mayor responsabilidad ambiental.
   9) Las empresas deben favorecer el desarrollo y la difusión de las tecnologías respetuosas con el medio ambiente.
   10) Las empresas deben trabajar contra la corrupción en todas sus formas, incluidas extorsión y soborno.

mediante políticas adecuadas y adoptar medidas adicionales de protección contra las violaciones de derechos humanos cometidas por empresas de su propiedad o bajo su control.

Ambos cometidos del Estado son fundamentales, no se pueden reemplazar y, por lo tanto, no son delegables, en otros actores, como las empresas.

Complementando los Principios Rectores de Naciones Unidas, debemos prestar atención a las revisiones de las Líneas Directrices de la OCDE, cuyas últimas revisiones tuvieron lugar en 2011 y 2023.

Si la revisión de 2011 supuso la incorporación de la dimensión de los derechos humanos a las Líneas Directrices y la activación de los Puntos Nacionales de Contacto (PNC), para informar a las empresas y atender reclamaciones, en la revisión de 2023 se incluyeron nuevos ámbitos, como el cambio climático, la biodiversidad, la tecnología, la integridad empresarial, además de reforzarse la diligencia debida en las cadenas de suministro.

Partiendo de las Líneas Directrices, la OCDE ha desarrollado, a su vez, orientaciones sectoriales para los inversores institucionales, las industrias extractivas, el textil y el calzado, las materias primas y el trabajo infantil.

La dimensión social y laboral es al mismo tiempo, reforzada mediante la Declaración sobre las Empresas Multinacionales de la OIT, que tiene entre sus principales destinatarios a las empresas multinacionales, gobiernos y organizaciones de empleadores y trabajadores, cubriendo las áreas de empleo, formación, condiciones de trabajo y vida y relaciones industriales.

Los Principios Rectores, las Líneas Directrices y la Declaración sobre las Empresas Multinacionales representan las tres piedras angulares de un cuerpo de principios y orientaciones internacionales de cumplimiento voluntario para las empresas.

Supone un acervo rico y amplio, que abarca los derechos humanos, sociales, laborales, medioambientales, el derecho de los consumidores, la biodiversidad, la tecnología y la integridad empresarial.

Pues bien, sin dar tiempo suficiente a que dichos principios voluntarios permeasen la actividad de la mayoría de las empresas, por medio de la promoción y la disposición de herramientas entendibles para las PYMES, el Consejo de Derechos Humanos de la ONU adoptó en 2014 una resolución para elaborar un instrumento internacional jurídicamente vinculante sobre empresas transnacionales y otras empresas comerciales con respecto a los derechos humanos. Desde entonces se han discutido tres borradores, además de la última versión actualizada en 2023.

Pero son los Estados y, en especial, la Unión Europa, los que han tomado el liderazgo en la legislación de la diligencia debida en las cadenas de suministro.

En lo que se refiere a la Unión Europea, en enero de 2021 entró en vigor el Reglamento (EU) 2017/821 por el que se establecen obligaciones en materia de diligencia debida en la cadena de suministro por lo que respecta a los importadores de la Unión de estaño, tantalio y wolframio, sus minerales y oro originarios de zonas de conflicto o de alto riesgo.

Mediante dicha iniciativa, que tiene como principal cometido impedir la financiación de grupos armados en países en conflicto, se pretende que las fundiciones y las refinerías que se abastecen en zonas de conflicto o de alto riesgo incorporen a sus sistemas de gestión interna la diligencia debida en la cadena de suministro y establezcan un mecanismo de reclamaciones como un sistema de alerta ráida sobre posibles riesgos, entre otros aspectos.

Además de hacer referencia a las Líneas Directrices –OECD Due Diligence Guidance for Responsible Supply Chains of Minerals from Conflict-Affected and High-Risk Areas–, los legisladores europeos se hacen eco de otra iniciativa similar en Estados Unidos, recogida en la sección 1502 de la legislación Dood Frank Act del año 2010, que obliga a las empresas estadounidenses cotizadas en bolsa a seguir la diligencia debida con respecto a las materias primas de la R.D. del Congo y de otras regiones adyacentes.

Sin embargo, el resto de las normativas europeas tienen su origen en el Pacto Verde Europeo del 11 de diciembre de 2019 y el Plan de acción de la UE para los derechos humanos y la democracia 2020-2024, de 19 de noviembre

de 2020, entre otras iniciativas europeas. Al mismo tiempo, intenta responder a la proliferación de legislaciones en países de la UE, como Alemania[2], Francia[3] o los Países Bajos[4].

Cuatro legislaciones europeas merecen atención:

– El Reglamento (UE) 2023/1115 sobre la comercialización en el mercado de la Unión y la exportación desde la Unión de determinadas materias primas y productos asociados a la deforestación y la degradación forestal (en adelante Reglamento contra la deforestación), en vigor desde el 23 de junio de 2023, pero suspendido en su aplicación hasta el 30 de diciembre de 2025 para las medianas y grandes empresas, y hasta el 30 de junio de 2026 para las micro y pequeñas empresas. La legislación en cuestión obliga a los operadores e intermediarios que importan o exportan determinadas materias primas o productos asociados, que han provocado la deforestación o hayan contribuido a la deforestación forestal. Quedan cubiertos, entre otros productos, el ganado, la madera, el cacao, la soja, el aceite de palma, el café, la goma y otros productos derivados, como el cuero.

– El Reglamento (UE) 2023/1542 relativo a las pilas y baterías y sus residuos (a partir de ahora Reglamento sobre pilas y baterías), en vigor desde 17 de agosto de 2023, dedica su capítulo X a la diligencia debida. El Reglamento obliga a estos operadores, cuyo negocio neto supere los 40 millones de euros en el ejercicio anterior al último ejercicio, a verificar la procedencia de las materias primas utilizadas para las pilas y baterías introducidas en el mercado.

– La Directiva 2024/1760 sobre diligencia debida de las empresas en materia de sostenibilidad (a partir de ahora CSDDD), en vigor desde el 25 de julio de 2024. Se aplicará a empresas con más de 1.000 empleados y un volumen de negocios superior a los 450 millones de euros. La Directiva obliga a las empresas a velar por el respeto de los derechos humanos y a cumplir con las obligaciones medioambientales. Para ello tendrán que implantar un sistema basado en el riesgo para supervisar, prevenir o reparar los perjuicios a los derechos humanos o al medio ambiente que identifica la Directiva.

Las empresas pueden ser consideradas responsables de los daños causados y tendrán que indemnizar íntegramente a las víctimas. Las empresas afectadas por la Directiva también habrán de adoptar y poner en práctica un plan de transición climática en consonancia con el Acuerdo de París sobre el cambio climático.

En este punto, y aunque no sea objeto de análisis en este documento, sí creemos necesario mencionar también la Directiva 2014/95/UE en lo que respecta a la divulgación de información no financiera e información sobre diversidad por parte de determinadas grandes empresas y determinados grupos (en adelante CSDR), una legislación que está relacionadas con todas las legislaciones europeas mencionadas en este texto.

– El Reglamento (UE) 2024/3015 por el que se prohíben en el mercado de la Unión los productos realizados con trabajo forzoso (en adelante Reglamento sobre trabajos forzosos), en vigor desde el 13 de diciembre de 2024, obliga a todos los importadores. La legislación articula un marco general que permite acciones legales en el mercado interior contra los productos realizados en condiciones de trabajo forzoso. La Comisión, en el caso del trabajo forzoso fuera de la UE, o los Estados miembros, en el supuesto de trabajo forzoso en su territorio, pueden iniciar una investigación, que puede llevar a la retirada del producto del mercado.

Sin embargo, en respuesta a la creciente erosión competitiva de las empresas europeas, la presidenta de la Comisión Europea, Ursula von der Leyen, anunció el pasado 29 de enero de 2025 la Iniciativa Brújula para la Competitividad que, entre otras medidas, incluye una propuesta OMNIBUS sobre la simplificación del informe sobre sostenibilidad, la debida diligencia y la taxonomía.

De esta forma, el 26 de febrero de 2025, la Comisión Europea adoptó un nuevo paquete de propuestas (Omnibus I y II) para simplificar las normas de la UE e impulsar la competitividad. En este paquete de medidas, se propone enmendar ciertos aspectos de las Directivas CSDDD y CSDR.

---

2   Ley de diligencia debida en la cadena de suministro de 2021.

3   Ley del deber de vigilancia de 2017.

4   Ley sobre debida diligencia en materia de trabajo infantil de 2019.

Dentro de las modificaciones propuestas para la Directiva CSDDD, deben destacarse ciertos avances, entre los que cabrían citar: el enfoque de la diligencia debida en los socios comerciales directos ("nivel 1"), la eliminación de aspectos de la cláusula de responsabilidad civil y las normas sobre acciones representativas, la ampliación de la cláusula del mercado único (armonización) a más artículos en torno a las obligaciones básicas de diligencia debida, las modificaciones en cuanto a los planes de transición y el compromiso de adelantar la adopción del primer conjunto de guías generales de implementación por parte de la Comisión Europea, que es una pieza fundamental para orientar a las empresas. Además, se tocan otros aspectos relativos a las penas pecuniarias, la modificación del concepto "de parte interesada" o el alargamiento del plazo de supervisión de la diligencia debida de 12 meses a 5 años.

Asimismo, la Comisión Europea plantea retrasar en un año la primera fase de la aplicación de la Directiva CSDDD y aplazar en un año el plazo de transposición de la Directiva por parte de los Estados miembros. Por último, la Directiva CSDR, que también es objeto de simplificación, será objeto de una mayor alineación de su ámbito de aplicación con el de la Directiva CSDDD.

Las propuestas legislativas de la Comisión Europea que, además de simplificar las dos legislaciones antes mencionadas, pretenden lograr otro tanto con la taxonomía y el Mecanismo de Ajuste de Carbono en Frontera –CBAM–, serán sometidas a la consideración del Parlamento Europeo y el Consejo Europeo.

Muchas de las propuestas de la Comisión recogen recomendaciones del empresariado europeo, no pudiendo, por lo tanto, ser valorados más que de manera positiva. Sin embargo, no menos cierto es que son insuficientes, como explicaremos a continuación en nuestras valoraciones finales.

Partiendo de un enfoque general hacia otro más concreto, nuestras valoraciones se podrían resumir en los siguientes puntos:

–   Un desequilibrio en la asunción de responsabilidades entre Estados y empresas. El respeto de los derechos humanos es un cometido que implica a todos, incluyendo a los Estados, que deben proteger los derechos humanos y garantizar los mecanismos de reparación en sus jurisdicciones.

    En los Estados recae la obligación de respetar los tratados y convenios internacionales, así como de asegurar su cumplimiento en sus respectivas jurisdicciones. En este sentido, sólo 42 Estados han adoptado hasta el momento un plan nacional de acción sobre empresas y derechos humanos o han incluido un capítulo específico sobre esta cuestión en sus respectivos planes de acción nacionales sobre derechos humanos. Solo 13 de estos Estados están situados fuera de la OCDE.

    Asimismo, constatamos con preocupación que los tratados y convenios internacionales, que obligan a los Estados, pasen a integrar parte de las legislaciones europeas y nacionales para obligar a las empresas. Buen ejemplo de esto es el Anexo II relativo a los instrumentos sobre derechos humanos y libertades fundamentales de la Directiva CSDDD.

    El deber de las empresas de respetar y hacer respetar los derechos humanos no debe inducir a los Estados a prestar menos atención al respeto de los derechos humanos. Las empresas no pueden, mediante iniciativas privadas, colmar en el largo plazo los problemas de gobernanza nacionales. Por ello es esencial, que se potencie la cooperación internacional y se impulsen las asistencias técnicas con el fin de facilitar el acceso a la justicia para toda la población y crear instituciones eficaces, responsables e inclusivas a todos los niveles, tal y como se recoge en el ODS 16.

–   Los principios internacionales y las legislaciones tanto europeas como nacionales sobre diligencia debida no reflejan la complejidad de las relaciones entre empresas, socios y proveedores en el comercio internacional. Se parte de la premisa de que empresas europeas y españolas gozan de una posición de dominio en las relaciones comerciales con sus clientes y proveedores fuera de la UE, cuando la realidad es mucho más compleja. En numerosas ocasiones, nuestras empresas se encuentran en una posición de inferioridad, en especial cuando sus clientes y proveedores son organismos públicos, empresas del sector público o privadas que gozan de una posición de dominio en determinados sectores económicos o países. Este caso no sólo se da en los mercados de contratación pública, sino también en numerosos sectores económicos relacionados con las fuentes de energías fósiles, las materias primas o los sectores tecnológicos punteros, donde la UE ha perdido el liderazgo

mundial. La opción de buscar vías alternativas, como se recomienda en las Líneas Directrices y en la legislación europea, no es en numerosas ocasiones viable desde un punto de vista económico y comercial para las empresas concernidas.

Se corre, a su vez, el riesgo de que proveedores en posición dominante rechazan las exigencias de las empresas europeas a favor de otros clientes menos exigentes o que opten si aceptan las condiciones europeas, a vender el producto más caro que a la competencia. Con ello se podría incurrir en la creación de circuitos comerciales paralelos: un circuito certificado más caro y otro circuito no certificado más barato. De esta manera, somos nosotros mismos los que asentamos las bases para generar una competencia desleal contra nuestras propias empresas.

– El efecto extraterritorial de la legislación europea puede generar muchos efectos indeseados para los intereses de la UE y sus empresas. Al creer contar con el mercado único más extenso del mundo, la UE ha considerado que podía fijar normas aplicables a todas las cadenas de valor mundiales, como se indica en la propia Comunicación sobre el Pacto Verde, publicado el 11 de diciembre de 2019.

Sin embargo, el mundo ha cambiado de manera dramática en los últimos años. Si bien es cierto que el mercado único sigue siendo una palanca de influencia importante, su relevancia es menor por dos razones: primero, la UE está perdiendo peso económico relativo frente a las principales economías mundiales; segundo, la UE dispone de menor capacidad de influencia frente a otras potencias en el actual contexto internacional.

Normativas como la Directiva CSDDD o el Reglamento contra la deforestación no sólo provocan incomprensión entre los países afines, sino una abierta hostilidad en los países de renta media y baja, que consideran que este tipo de medidas son proteccionistas. Esta confluencia de intereses entre países afines y países en desarrollo sitúa a la UE en una situación defensiva en los organismos y foros internacionales, así como en las negociaciones, por ejemplo, comerciales.

A su vez, la aplicación la aplicación de las normativas europeas sobre la debida diligencia en los mercados situados fuera de la UE puede entrar en conflicto con las legislaciones nacionales de muchos países, situando a las empresas europeas y españolas en una posición muy complicada. En este sentido, muchos países limitan a sus empresas locales a la hora de compartir información o aprueban normativas para contrarrestar la aplicación extraterritorial de normativa europea sobre la debida diligencia.

Por último, los clientes y proveedores en muchos países de renta media y baja no disponen ni de los recursos ni de los medios necesarios para cumplir con la normativa europea. La suspensión temporal en la aplicación del reglamento contra la deforestación obedeció en gran medida a la presión ejercida por algunos países proveedores de este tipo de materias primas, al considerar que sus productores locales no estaban preparados para adaptarse a las exigencias de la normativa europea.

– La aplicación de la normativa europea es de difícil cumplimiento y genera mucha burocracia interna en las empresas. Algunas empresas europeas tienen miles de proveedores en el primer nivel, lo que hace que este ejercicio resulte muy oneroso. El cumplimento de la legislación alemana sobre la diligencia debida en las cadenas de suministro y la legislación CSRD generó en 2024 un incremento del 40% en los gastos dedicados a informes. En este mismo periodo, los gastos en el reclutamiento de personal cualificado para realizar este tipo de tareas aumentaron un 134% con respecto a 2023. Según estimaciones conservadoras del gobierno alemán, el gasto adicional que generó en las empresas el cumplimiento de la normativa se elevó a 1.600 millones de euros. Estos costes tienen su origen en la obtención de datos, en la contratación y formación de los empleados y en el desarrollo de sistemas informáticos, sin olvidar los gastos que generan la contratación de consultores y auditores.

– Las legislaciones CSDDD y CSRD, ambas europeas, destacan por sus implicaciones jurídicas y burocráticas para las empresas. Sin embargo, no convendría perder de vista la existencia de otras normativas europeas vinculantes, como las relacionadas con ciertas materias primas originarias de zonas de conflicto, baterías, deforestación y trabajos forzosos, antes mencionadas.

En el plano internacional, conviene recordar también las Directrices de la OCDE que, tras varias revisiones, no sólo cubren, como hemos señalado anteriormente, derechos humanos, medio ambiente, empleo y relaciones

laborales, sino áreas relacionadas con la lucha contra el cohecho y otras formas de corrupción, intereses de los consumidores, ciencia, tecnología e innovación, derechos de la competencia y cuestiones tributarias. Aunque se trate de principios voluntarios, todos los países de la OCDE cuentan con Puntos Nacionales de Contacto (PNC), entre cuyos principales cometidos figura el estudio de reclamaciones a empresas. El PNC de España, de cuyo Consejo Asesor forma parte CEOE, ha intensificado en los últimos años la revisión de casos de empresas españolas.

– Todas las normativas afectan las PYMES. La limitación de la aplicación de ciertas normativas europeas a las grandes empresas solo es teórica. Las grandes empresas trasladan en la operativa diaria sus obligaciones a todos sus clientes y proveedores, que son de tamaño medio o pequeño, lo que supone una dura carga para las PYMES, que no pueden soportar por sus escasos medios. Solo las grandes empresas pueden permitirse personal cualificado para asegurar el cumplimiento de la normativa vigente.

– El paquete de simplificación normativa es de alguna forma una oportunidad perdida. Aun reconociendo que todas las medidas propuestas son positivas, su alcance podría ser limitado por las siguientes razones:

   » Primero, se ha dejado pasar la oportunidad de alinear todas las normativas que se solapan entre sí.

   » Segundo, en cuanto a la Directiva CSDDD, se extiende la cláusula de mercado único; sin embargo, se permitirá a los Estados miembros introducir disposiciones más estrictas o específicas sobre algunos aspectos, lo que podría llevar a la fragmentación del mercado único.

Números Publicados
Serie Unión Europea y Relaciones Internacionales

Nº 1/2000 «La política monetaria única de la Unión Europea»
Rafael Pampillón Olmedo

Nº 2/2000 «Nacionalismo e integración»
Leonardo Caruana de las Cagigas y Eduardo González Calleja

Nº 1/2001 «Standard and Harmonize: Tax Arbitrage»
Nohemi Boal Velasco y Mariano González Sánchez

Nº 2/2001 «Alemania y la ampliación al este: convergencias y divergencias»
José María Beneyto Pérez

Nº 3/2001 «Towards a common European diplomacy? Analysis of the European Parliament resolution
on establishing a common diplomacy (A5-0210/2000)»
Belén Becerril Atienza y Gerardo Galeote Quecedo

Nº 4/2001 «La Política de Inmigración en la Unión Europea»
Patricia Argerey Vilar

Nº 1/2002 «ALCA: Adiós al modelo de integración europea?»
Mario Jaramillo Contreras

Nº 2/2002 «La crisis de Oriente Medio: Palestina»
Leonardo Caruana de las Cagigas

Nº 3/2002 «El establecimiento de una delimitación más precisa de las competencias entre la Unión Europea
y los Estados miembros»
José María Beneyto y Claus Giering

Nº 4/2002 «La sociedad anónima europea»
Manuel García Riestra

Nº 5/2002 «Jerarquía y tipología normativa, procesos legislativos y separación de poderes en la Unión Europea:
hacia un modelo más claro y transparente»
Alberto Gil Ibáñez

Nº 6/2002 «Análisis de situación y opciones respecto a la posición de las Regiones en el ámbito de la UE.
Especial atención al Comité de las Regiones»
Alberto Gil Ibáñez

Nº 7/2002 «Die Festlegung einer genaueren Abgrenzung der Kompetenzen zwischen der Europäischen Union
und den Mitgliedstaaten»
José María Beneyto y Claus Giering

Nº 1/2003 «Un español en Europa. Una aproximación a Juan Luis Vives»
José Peña González

Nº 2/2003 «El mercado del arte y los obstáculos fiscales ¿Una asignatura pendiente en la Unión Europea?»
Pablo Siegrist Ridruejo

Nº 1/2004 «Evolución en el ámbito del pensamiento de las relaciones España-Europa»
José Peña González

Nº 2/2004 «La sociedad europea: un régimen fragmentario con intención armonizadora»
Alfonso Martínez Echevarría y García de Dueñas

Nº 3/2004 «Tres operaciones PESD: Bosnia y Herzegovina, Macedonia y República Democrática de Congo»
Berta Carrión Ramírez

Nº 4/2004   «Turquía: El largo camino hacia Europa»
Delia Contreras

Nº 5/2004   «En el horizonte de la tutela judicial efectiva, el TJCE supera la interpretación restrictiva de la legitimación activa mediante el uso de la cuestión prejudicial y la excepción de ilegalidad»
Alfonso Rincón García Loygorri

Nº 1/2005   «The Biret cases: what effects do WTO dispute settlement rulings have in EU law?»
Adrian Emch

Nº 2/2005   «Las ofertas públicas de adquisición de títulos desde la perspectiva comunitaria en el marco de la creación de un espacio financiero integrado»
José María Beneyto y José Puente

Nº 3/2005   «Las regiones ultraperiféricas de la UE: evolución de las mismas como consecuencia de las políticas específicas aplicadas. Canarias como ejemplo»
Carlota González Láynez

Nº 24/2006   «El Imperio Otomano: ¿por tercera vez a las puertas de Viena?»
Alejandra Arana

Nº 25/2006   «Bioterrorismo: la amenaza latente»
Ignacio Ibáñez Ferrándiz

Nº 26/2006   «Inmigración y redefinición de la identidad europea»
Diego Acosta Arcarazo

Nº 27/2007   «Procesos de integración en Sudamérica. Un proyecto más ambicioso: la comunidad sudamericana de naciones»
Raquel Turienzo Carracedo

Nº 28/2007   «El poder del derecho en el orden internacional. Estudio crítico de la aplicación de la norma democrática por el Consejo de Seguridad y la Unión Europea»
Gaspar Atienza Becerril

Nº 29/2008   «Iraqi Kurdistan: Past, Present and Future. A look at the history, the contemporary situation and the future for the Kurdish parts of Iraq»
Egil Thorsås

Nº 30/2008   «Los desafíos de la creciente presencia de China en el continente africano»
Marisa Caroço Amaro

Nº 31/2009   «La cooperación al desarrollo: un traje a medida para cada contexto. Las prioridades para la promoción de la buena gobernanza en terceros países: la Unión Europea, los Estados Unidos y la Organización de las Naciones Unidas»
Anne Van Nistelroo

Nº 32/2009   «Desafíos y oportunidades en las relaciones entre la Unión Europea y Turquía»
Manuela Gambino

Nº 33/2010   «Las relaciones trasatlánticas tras la crisis financiera internacional: oportunidades para la Presidencia Española»
Román Escolano

Nº 34/2010   «Los derechos fundamentales en los tratados europeos. Evolución y situación actual»
Silvia Ortiz Herrera

Nº 35/2010   «La Unión Europea ante los retos de la democratización en Cuba»
Delia Contreras

Nº 36/2010   «La asociación estratégica UE-Brasil. Retórica y pragmatismo en las relaciones Euro-Brasileñas(Vol 1 y 2)»
Ana Isabel Rodríguez Iglesias

Nº 37/2011   «China's foreign policy: A European Perspective»
Fernando Delage y Gracia Abad

Nº 38/2011 «China's Priorities and Strategy in China-EU Relations»
Chen Zhimin, Dai Bingran, Zhongqi Pan and Ding Chun

Nº 39/2011 «Motor or Brake for European Policies? Germany's new role in the EU after the Lisbon-Judgment of its Federal Constitutional Court»
Ingolf Pernice

Nº 40/2011 «Back to Square One: the Past, Present and Future of the Simmenthal Mandate»
Siniša Rodin

Nº 41/2011 «Lisbon before the Courts: Comparative Perspectives»
Mattias Wendel

Nº 42/2011 «The Spanish Constitutional Court, European Law and the constitutional traditions common to the member states (Art. 6.3 TUE). Lisbon and beyond»
Antonio López-Pina

Nº 43/2011 «Women in the Islamic Republic of Iran: The Paradox of less Rights and more Opportunities»
Désirée Emilie Simonetti

Nº 44/2011 «China and the Global Political Economy»
Weiping Huang & Xinning Song

Nº 45/2011 «Multilateralism and Soft Diplomacy»
Juliet Lodge and Angela Carpenter

Nº 46/2011 «FDI and Business Networks: The EU-China Foreign Direct Investment Relationship»
Jeremy Clegg and Hinrich Voss

Nº 47/2011 «China within the emerging Asian multilateralism and regionalism. As perceived through a comparison with the European Neighborhood Policy»
Maria-Eugenia Bardaro & Frederik Ponjaert

Nº 48/2011 «Multilateralism and global governance»
Mario Telò

Nº 49/2011 «EU-China: Bilateral Trade Relations and Business Cooperation»
Enrique Fanjul

Nº 50/2011 «Political Dialogue in EU-China Relations»
José María Beneyto, Alicia Sorroza, Inmaculada Hurtado y Justo Corti

Nº 51/2011 «La Política Energética Exterior de la Unión Europea. Entre dependencia, seguridad de abastecimiento, mercado y geopolítica»
Marco Villa

Nº 52/2011 «Los Inicios del Servicio Europeo de Acción Exterior»
Macarena Esteban Guadalix

Nº 53/2011 «Holding Europe's CFSP/CSDP Executive to Account in the Age of the Lisbon Treaty»
Daniel Thym

Nº 54/2011 «El conflicto en el Ártico: ¿hacia un tratado internacional?»
Alberto Trillo Barca

Nº 55/2012 «Turkey's Accession to the European Union: Going Nowhere»
William Chislett

Nº 56/2012 «Las relaciones entre la Unión Europea y la Federación Rusa en materia de seguridad y defensa. Reflexiones al calor del nuevo concepto estratégico de la Alianza Atlántica»
Jesús Elguea Palacios

Nº 57/2012 «The Multiannual Financial Framework 2014-2020: A Preliminary analysis of the Spanish position»
Mario Kölling y Cristina Serrano Leal

Nº 58/2012 «Preserving Sovereignty, Delaying the Supranational Constitutional Moment? The CJEU as the Anti-Model for regional judiciaries»
Allan F. Tatham

Nº 59/2012 «La participación de las Comunidades Autónomas en el diseño y la negociación de la Política de Cohesión para el periodo 2014-2020»
Mario Kölling y Cristina Serrano Leal

Nº 60/2012 «El planteamiento de las asociaciones estratégicas: la respuesta europea ante los desafíos que presenta el Nuevo Orden Mundial»
Javier García Toni

Nº 61/2012 «La dimensión global del Constitucionalismo Multinivel. Una respuesta legal a los desafíos de la globalización»
Ingolf Pernice

Nº 62/2012 «EU External Relations: the Governance Mode of Foreign Policy»
Gráinne de Búrca

Nº 63/2012 «La propiedad intelectual en China: cambios y adaptaciones a los cánones internacionales»
Paula Tallón Queija

Nº 64/2012 «Contribuciones del presupuesto comunitario a la gobernanza global: claves desde Europa»
Cristina Serrano Leal

Nº 65/2013 «Las Relaciones Germano-Estadounidenses entre 1933 y 1945»
Pablo Guerrero García

Nº 66/2013 «El futuro de la agricultura europea ante los nuevos desafíos mundiales»
Marta Llorca Gomis, Raquel Antón Martín, Carmen Durán Vizán, Jaime del Olmo Morillo-Velarde

Nº 67/2013 «¿Cómo será la guerra en el futuro? La perspectiva norteamericana»
Salvador Sánchez Tapia

Nº 68/2013 «Políticas y Estrategias de Comunicación de la Comisión Europea: Actores y procesos desde que se aprueban hasta que la información llega a la ciudadanía española»
Marta Hernández Ruiz

Nº 69/2013 «El reglamento europeo de sucesiones. Tribunales competentes y ley aplicable. Excepciones al principio general de unidad de ley»
Silvia Ortiz Herrera

Nº 70/2013 «Private Sector Protagonism in U.S. Humanitarian Aid»
Sarah Elizabeth Capers

Nº 71/2014 «Integration of Turkish Minorities in Germany»
Iraia Eizmendi Alonso

Nº 72/2014 «La imagen de España en el exterior: La Marca España»
Marta Sabater Ramis

Nº 73/2014 «Aportaciones del Mercado Interior y la política de competencia europea: lecciones a considerar por otras áreas de integración regional»
Jerónimo Maillo

Nº 74/2015 «Las relaciones de la UE con sus socios meridionales a la luz de la Primavera Árabe»
Paloma Luengos Fernández

Nº 75/2015 «De Viena a Sarajevo: un estudio del equilibrio de poder en Europa entre 1815 y 1914»
Álvaro Silva Soto

Nº 76/2015 «El avance de la ultraderecha en la Unión Europea como consecuencia de la crisis: Una perspectiva del contexto político de Grecia y Francia según la teoría del «chivo expiatorio»»
Eduardo Torrecilla Giménez

Nº 77/2016 «La influencia de los factores culturales en la internacionalización de la empresa: El caso de España y Alemania»
Blanca Sánchez Goyenechea

Nº 78/2016 «La Cooperación Estructurada Permanente como instrumento para una defensa común»
Elena Martínez Padilla

Nº 79/2017 «The European refugee crisis and the EU-Turkey deal on migrants and refugees»
Guido Savasta

Nº 80/2017 «Brexit:How did the UK get here?»
Izabela Daleszak

Nº 81/2017 «Las ONGD españolas: necesidad de adaptación al nuevo contexto para sobrevivir»
Carmen Moreno Quintero

Nº 82/2017 «Los nuevos instrumentos y los objetivos de política económica en la UE:
efectos de la crisis sobre las desigualdades»
Miguel Moltó

Nº 83/2017 «Peace and Reconciliation Processes: The Northern Irish case and its lessons»
Carlos Johnston Sánchez

Nº 84/2018 «Cuba en el mundo: el papel de Estados Unidos, la Unión Europea y España»
Paula Foces Rubio

Nº 85/2018 «Environmental Protection Efforts and the Threat of Climate Change in the Arctic: Examined Through
International Perspectives Including the European Union and the United States of America»
Kristina Morris

Nº 86/2018 «La Unión Europea pide la palabra en la (nueva) escena internacional»
José Martín y Pérez de Nanclares

Nº 87/2019 «El impacto de la integración regional africana dentro del marco de asociación UE-ACP
y su implicación en las relaciones post Cotonú 2020»
Sandra Moreno Ayala

Nº 88/2019 «Lucha contra el narcotráfico: un análisis comparativo del Plan Colombia y la Iniciativa Mérida»
Blanca Paniego Gámez

Nº 89/2019 «Desinformación en la UE: ¿amenaza híbrida o fenómeno comunicativo?
Evolución de la estrategia de la UE desde 2015»
Elena Terán González

Nº 90/2019 «La influencia del caso Puigdemont en la cooperación judicial penal europea»
Pablo Rivera Rodríguez

Nº 91/2020 «Trumping Climate Change: National and International Commitments
to Climate Change in the Trump Era»
Olivia Scotti

Nº 92/2020 «El impacto social de la innovación tecnológica en Europa»
Ricardo Palomo-Zurdo, Virginia Rey-Paredes, Milagros Gutiérrez-Fernández, Yakira Fernández-Torres

Nº 93/2020 «El Reglamento sobre la privacidad y las comunicaciones electrónicas,
la asignatura pendiente del Mercado Único Digital»
Ana Gascón Marcén

Nº 94/2020 «Referencias al tratamiento constitucional de la Unión Europea en algunos Estados Miembros»
Rafael Ripoll Navarro

Nº 95/2020 «La identidad europea, ¿en crisis? Reflexiones entorno a los valores comunes en un entorno de cambio»
Irene Correas Sosa

Nº 96/2020 «La configuración de un sistema de partidos propiamente europeo»
Luis Rodrigo de Castro

Nº 97/2020 «El Banco Asiático de Inversión en Infraestructura. La participación de Europa y de España»
Amadeo Jensana Tanehashi

Nº 98/2020   «Nuevas perspectivas en las relaciones entre la Unión Europea y China»
              Georgina Higueras

Nº 99/2020   «Inversiones Unión Europea-China: ¿hacia una nueva era?»
              Jerónimo Maillo y Javier Porras

Nº 100/2020   «40 años de reforma: el papel de China en la comunidad internacional»
              Enrique Fanjul

Nº 101/2020   «A climate for change in the European Union. The current crisis implications
              for EU climate and energy policies»
              Corina Popa

Nº 102/2020   «Aciertos y desafíos de la cooperación Sur-Sur. Estudio del caso de Cuba y Haití»
              María Fernández Sánchez

Nº 103/2020   «El Derecho Internacional Humanitario después de la II Guerra Mundial»
              Gonzalo del Cura Jiménez

Nº 104/2020   «Reframing the Response to Climate Refugees»
              Alexander Grey Crutchfield

Nº 105/2021   «The Biden Condition: interpreting Treaty-Interpretation»
              Jose M. de Areilza

Nº 106/2021   «¿Hacia la Corte Multilateral de Inversiones? El acuerdo de inversiones EU-China
              y sus consecuencias para el arbitraje»
              José María Beneyto Pérez

Nº 107/2021   «El acuerdo de partenariado economico UE-Japon. Implicaciones para España»
              Amadeo Jensana Tanehashi

Nº 108/2021   «El acuerdo con Reino Unido. Implicaciones para España»
              Allan Francis Tatham

Nº 109/2021   «El «Comprehensive Economic and Trade Agreement» (CETA) con Canadá.
              Implicaciones para España»
              Cristina Serrano Leal

Nº 110/2021   «Acuerdos comerciales UE de «Nueva Generación»: origen, rasgos y valoración»
              Jerónimo Maillo

Nº 111/2021   «Europa en el mundo»
              Emilio Lamo de Espinosa

Nº 112/2021   «A geostrategic rivalry: the Sino-Indian border dispute»
              Eva María Pérez Vidal

Nº 113/2021   «The EU-China Digital Agenda and Connectivity»
              Meri Beridze

Nº 114/2021   «Las mujeres en los conflictos y postconflictos armados: la Resolución 1325 de la ONU y su vigencia hoy»
              Guadalupe Cavero Martínez

Nº 115/2021   «Tesla: estrategias de internacionalización y acceso al mercado en Brasil»
              Carmen Salvo González

Nº 116/2022   «Player or board game? In Search of Europe's Strategic Autonomy: The Need of a Common Digital Strategy of the European Union towards the People's Republic of China»
Loreto Machés Blázquez

Nº 117/2022   «La posición de la Unión Europea en el conflicto del Sáhara Occidental ¿Terminan los principios donde empiezan los intereses?»
Elena Ruiz Giménez

Nº 118/2022   «La defensa de los valores de la Unión Europea: La condicionalidad de los Fondos Europeos al estado de derecho»
Alicia Arjona Hernández

Nº 119/2022   «Medidas restrictivas en la Unión Europea: el nuevo régimen de sanciones contra las violaciones y abusos graves de los derechos humanos en el contexto internacional»
Celia Fernández Castañeda

Nº 120/2022   «La relación hispano-británica en materia de seguridad y defensa después del Brexit»
Salvador Sánchez Tapia

Nº 121/2022   «Oportunidades para la cooperación bilateral en la cultura, la educación y la investigación: Piedras angulares en las relaciones hispano-británicas después de Brexit»
Allan F. Tatham

Nº 122/2022   «*Building bridges*: cómo paliar los efectos del Brexit sobre los intercambios económicos bilaterales de España con el Reino Unido»
Álvaro Anchuelo Crego

Nº 123/2022   «Mobility issues for UK and Spanish nationals post Brexit»
Catherine Barnard

Nº 124/2022   «Derechos humanos y debida diligencia en las cadenas globales de suministro»
Enrique Fanjul

Nº 125/2022   «Sostenibilidad y Derecho Internacional de las inversiones: claves prácticas para Estados y empresas transnacionales»
Francisco Pascual-Vives y Alberto Jiménez-Piernas García

Nº 126/2022   «Derechos humanos y empresas, una agenda internacional en evolución»
Sandra Galimberti Díaz-Faes

Nº 127/2022   «El futuro de la Unión: una integración circunspecta»
Pablo García-Berdoy

Nº 128/2022   «El régimen internacional de no proliferación nuclear: ¿refundación o revisión crítica?»
Ignacio Cartagena Núñez

Nº 129/2022   «The Islamic State and Cultural Heritage: A two-track weaponization»
María Gómez Landaburu

Nº 130/2022   «La política de abastecimiento energético de la Unión Europea: Dependencia y vulnerabilidad ante la invasión rusa a Ucrania»
Raúl Carrasco Contero

Nº 131/2022   «El idioma español: situación actual y mirada al futuro. Un cambio de modelo»
José Olábarri Azagra

Nº 132/2022   «Rule of law conditionality mechanism: analysis of actors' interests»
Carolina de Amuriza Chicharro

Nº 133/2022   «*Due diligence* y cambio climatico»
Lorena Sales Pallares y María Chiara Marullo

Nº 134/2023   «Debida diligencia corporativa en materia de derechos humanos y sostenibilidad: ¿riesgos u oportunidades?»
Francisco Pascual-Vives y Alberto Jiménez-Piernas García

Nº 135/2023   «Debida Diligencia en Derechos Humanos: en camino hacia la legalización»
Sandra Galimberti Díaz-Faes

Nº 136/2023   «Obligaciones de Debida Diligencia en cuestiones de sostenibilidad en el marco de la Unión Europea: la perspectiva empresarial»
Enrique Fanjul

Nº 137/2023   «La Conferencia sobre el Futuro de Europa .Hacia una reforma de los Tratados?»
Inés Méndez de Vigo Pérez de Herrasti

Nº 138/2023   «The Assertiveness of the European Commission in the Enforcement of Fundamental Values: The impact of the Russia-Ukraine War»
Andreína V. Hernández Ross

Nº 139/2023   «Transparencia y acceso a los documentos de las instituciones de la Union Europea durante Procedimiento Legislativo Ordinario. Tratamiento por parte del Parlamento Europeo»
María García de Quevedo Ortiz

Nº 140/2023   «How China is Winning the "GO" Game in the Indian Ocean Region: An Analysis of Sri Lanka's Policy Framing»
Carmen Rodríguez Escalada

Nº 141/2023   «La Orden Europea de Detención y Entrega como cristalización del progreso de la cooperación judicial penal en Europa: el caso Puigdemont»
Ignacio Garcia Prieto

Nº 142/2024   «La cooperación tecnológica entre España y Corea del Sur»
Laia Anglada Porta

Nº 143/2024   «RT / Sputnik como herramientas de propagación de desinformación de la política exterior rusa»
Lorena Méndez Vázquez

Nº 144/2024   «Política de ampliación: la reunificación pacífica de Europa de los padres fundadores»
Francisco Aldecoa Luzárraga

Nº 145/2024   «Ampliación: un elemento geoestratégico en el contexto de la guerra de Ucrania»
Elisa Uría

Nº 146/2024   «Retos de la futura ampliación para el funcionamiento de la Unión Europea»
M. Mercedes Guinea Llorente

Nº 147/2025   «Democratization or Coexistence? Inside Africa's Last Colony»
Alejandro Trujillo Suárez

Nº 148/2025   «The political and international stakes of major sporting competitions – Is sport a source of diplomacy and how can it impact the relations between states?»
Adèle Namias

Serie Política de la Competencia y Regulación

Nº 1/2001   «El control de concentraciones en España: un nuevo marco legislativo para las empresas»
José María Beneyto

Nº 2/2001   «Análisis de los efectos económicos y sobre la competencia de la concentración Endesa-Iberdrola»
Luis Atienza, Javier de Quinto y Richard Watt

Nº 3/2001   «Empresas en Participación concentrativas y artículo 81 del Tratado CE: Dos años de aplicación
del artículo 2(4) del Reglamento CE de control de las operaciones de concentración»
Jerónimo Maíllo González-Orús

Nº 1/2002   «Cinco años de aplicación de la Comunicación de 1996 relativa a la no imposición de multas
o a la reducción de su importe en los asuntos relacionados con los acuerdos entre empresas»
Miguel Ángel Peña Castellot

Nº 1/2002   «Leniency: la política de exoneración del pago de multas en derecho de la competencia»
Santiago Illundaín Fontoya

Nº 3/2002   «Dominancia vs. disminución sustancial de la competencia ¿cuál es el criterio más apropiado?:
aspectos jurídicos»
Mercedes García Pérez

Nº 4/2002   «Test de dominancia vs. test de reducción de la competencia: aspectos económicos»
Juan Briones Alonso

Nº 5/2002   «Telecomunicaciones en España: situación actual y perspectivas»
Bernardo Pérez de León Ponce

Nº 6/2002   «El nuevo marco regulatorio europeo de las telecomunicaciones»
Jerónimo González González y Beatriz Sanz Fernández-Vega

Nº 1/2003   «Some Simple Graphical Interpretations of the Herfindahl-Hirshman Index and their Implications»
Richard Watt y Javier De Quinto

Nº 2/2003   «La Acción de Oro o las privatizaciones en un Mercado Único»
Pablo Siegrist Ridruejo, Jesús Lavalle Merchán y Emilia Gargallo González

Nº 3/2003   «El control comunitario de concentraciones de empresas y la invocación de intereses nacionales.
Crítica del artículo 21.3 del Reglamento 4064/89»
Pablo Berenguer O´Shea y Vanessa Pérez Lamas

Nº 1/2004   «Los puntos de conexión en la Ley 1/2002 de 21 de febrero de coordinación de las competencias
del Estado y las Comunidades Autónomas en materia de defensa de la competencia»
Lucana Estévez Mendoza

Nº 2/2004   «Los impuestos autonómicos sobre los grandes establecimientos comerciales
como ayuda de Estado ilícita ex art. 87 TCE»
Francisco Marcos

Nº 1/2005   «Servicios de Interés General y Artículo 86 del Tratado CE: Una Visión Evolutiva»
Jerónimo Maillo González-Orús

Nº 2/2005   «La evaluación de los registros de morosos por el Tribunal de Defensa de la Competencia»
Alfonso Rincón García Loygorri

Nº 3/2005 «El código de conducta en materia de fiscalidad de las empresas y su relación con el régimen comunitario de ayudas de Estado»
Alfonso Lamadrid de Pablo

Nº 18/2006 «Régimen sancionador y clemencia: comentarios al título quinto del anteproyecto de la ley de defensa de la competencia»
Miguel Ángel Peña Castellot

Nº 19/2006 «Un nuevo marco institucional en la defensa de la competencia en España»
Carlos Padrós Reig

Nº 20/2006 «Las ayudas públicas y la actividad normativa de los poderes públicos en el anteproyecto de ley de defensa de la competencia de 2006»
Juan Arpio Santacruz

Nº 21/2006 «La intervención del Gobierno en el control de concentraciones económicas»
Albert Sánchez Graells

Nº 22/2006 «La descentralización administrativa de la aplicación del Derecho de la competencia en España»
José Antonio Rodríguez Miguez

Nº 23/2007 «Aplicación por los jueces nacionales de la legislación en materia de competencia en el Proyecto de Ley»
Juan Manuel Fernández López

Nº 24/2007 «El tratamiento de las restricciones públicas a la competencia»
Francisco Marcos Fernández

Nº 25/2008 «Merger Control in the Pharmaceutical Sector and the Innovation Market Assessment. European Analysis in Practice and differences with the American Approach»
Teresa Lorca Morales

Nº 26/2008 «Separación de actividades en el sector eléctrico»
Joaquín Mª Nebreda Pérez

Nº 27/2008 «Arbitraje y defensa de la competencia»
Antonio Creus Carreras y Josep Maria Juliá Insenser

Nº 28/2008 «El procedimiento de control de concentraciones y la supervisión por organismos reguladores de las Ofertas Públicas de Adquisición»
Francisco Marcos Fernández

Nº 29/2009 «Intervención pública en momentos de crisis: el derecho de ayudas de Estado aplicado a la intervención pública directa en las empresas»
Pedro Callol y Jorge Manzarbeitia

Nº 30/2010 «Understanding China's Competition Law & Policy: Merger Control as a Case Study»
Jeronimo Maillo

Nº 31/2012 «Autoridades autonómicas de defensa de la competencia en vías de extinción»
Francisco Marcos

Nº 32/2013 «¿Qué es un cártel para la CNC?»
Alfonso Rincón García-Loygorri

Nº 33/2013 «Tipología de cárteles duros. Un estudio de los casos resueltos por la CNC»
Justo Corti Varela

Nº 34/2013 «Autoridades responsables de la lucha contra los cárteles en España y la Unión Europea»
José Antonio Rodríguez Miguez

Nº 35/2013 «Una revisión de la literatura económica sobre el funcionamiento interno de los cárteles y sus efectos económicos»
María Jesús Arroyo Fernández y Begoña Blasco Torrejón

Nº 36/2013 «Poderes de Investigación de la Comisión Nacional de la Competencia»
Alberto Escudero

Nº 37/2013 «Screening de la autoridad de competencia: mejores prácticas internacionales»
María Jesús Arroyo Fernández y Begoña Blasco Torrejón

Nº 38/2013 «Objetividad, predictibilidad y determinación normativa. Los poderes normativos *ad extra* de las autoridades de defensa de la competencia en el control de los cárteles»
Carlos Padrós Reig

Nº 39/2013 «La revisión jurisdiccional de los expedientes sancionadores de cárteles»
Fernando Díez Estella

Nº 40/2013 «Programas de recompensas para luchar contra los cárteles en Europa: una comparativa con terceros países»
Jerónimo Maíllo González-Orús

Nº 41/2014 «La Criminalización de los Cárteles en la Unión Europea»
Amparo Lozano Maneiro

Nº 42/2014 «Posibilidad de sancionar penalmente los cárteles en España, tanto en el presente como en el futuro»
Álvaro Mendo Estrella

Nº 43/2014 «La criminalización de los hardcore cartels: reflexiones a partir de la experiencia de EE. UU. y Reino Unido»
María Gutiérrez Rodríguez

Nº 44/2014 «La escasez de acciones de daños y perjuicios derivadas de ilícitos antitrust en España, ¿Por qué?»
Fernando Díez Estella

Nº 45/2014 «Cuantificación de daños de los cárteles duros. Una visión económica»
Rodolfo Ramos Melero

Nº 46/2014 «El procedimiento sancionador en materia de cárteles»
Alfonso Lamadrid de Pablo y José Luis Buendía Sierra

Nº 47/2014 «Japanese Cartel Control in Transition»
Mel Marquis and Tadashi Shiraishi

Nº 48/2015 «Una evaluación económica de la revisión judicial de las sanciones impuestas por la CNMC por infracciones anticompetitivas»
Javier García-Verdugo

Nº 49/2015 «The role of tax incentives on the energy sector under the Climate Change's challenges Pasquale Pistone»
Iñaki Bilbao

Nº 50/2015 «Energy taxation and key legal concepts in the EU State aid context: looking for a common understanding»
Marta Villar Ezcurra and Pernille Wegener Jessen

Nº 51/2015 «Energy taxation and key legal concepts in the EU State aid context: looking for a common understanding Energy Tax Incentives and the GBER regime»
Joachim English

Nº 52/2016 «The Role of the Polluter Pays Principle and others Key Legal Principles in Energy Taxes, on an State aid Context»
José A. Rozas

Nº 53/2016 «EU Energy Taxation System & State Aid Control Critical Analysis from Competitiveness and Environmental Protection Objectives»
Jerónimo Maillo, Edoardo Traversa, Justo Corti and Alice Pirlot

Nº 54/2016 «Energy Taxation and State Aids: Analysis of Comparative Law»
Marta Villar Ezcurra and Janet Milne

Nº 55/2016 «Case-Law on the Control of Energy Taxes and Tax Reliefs under European Union Law»
Álvaro del Blanco, Lorenzo del Federico, Cristina García Herrera, Concetta Ricci, Caterina Verrigni and Silvia Giorgi

Nº 56/2017 «El modelo de negocio de Uber y el sector del transporte urbano de viajeros: implicaciones en materia de competencia»
Ana Goizueta Zubimendi

Nº 57/2017 «EU Cartel Settlement procedure: an assessment of its results 10 years later»
Jerónimo Maillo

Nº 58/2019 «Quo Vadis Global Governance? Assessing China and EU Relations in the New Global Economic Order»
Julia Kreienkamp and Dr Tom Pegram

Nº 59/2019 «From Source-oriented to Residence-oriented: China's International Tax Law Reshaped by BRI?»
Jie Wang

Nº 60/2020 «The EU-China trade partnership from a European tax perspective»
Elena Masseglia Miszczyszyn, Marie Lamensch, Edoardo Traversa y Marta Villar Ezcurra

Nº 61/2020 «A Study on China's Measures for the Decoupling of the Economic Growth and the Carbon Emission»
Rao Lei, Gao Min

Nº 62/2020 «The global climate governance: a comparative study between the EU and China»
Cao Hui

Nº 63/2020 «The evolvement of China-EU cooperation on climate change and its new opportunities under the European Green Deal»
Zhang Min and Gong Jialuo

Nº 64/2024 «The new EU Foreign Subsidies Regulation»
Luigi Gaetano Pezzotti Picoli